N'kanga Malonga Kubali Lobole

Evangile Eternel

N'kanga Malonga Kubali Lobole

Evangile Eternel

La Crainte De Dieu

Éditions Croix du Salut

Imprint

Cover image: www.ingimage.com

Publisher:
Éditions Croix du Salut
is a trademark of
International Book Market Service Ltd., member of OmniScriptum Publishing Group
17 Meldrum Street, Beau Bassin 71504, Mauritius
Printed at: see last page
ISBN: 978-613-7-37540-2

EVANGILE ETERNEL

MALONGA KUBALI

EVANGILE ETERNEL

INTRODUCTION

« Cherchez l'Eternel, vous tous, humbles du pays, Qui pratiquez ses ordonnances ! Recherchez la justice, recherchez l'humilité! Peut-être serez-vous épargnés au jour de la colère de l'Eternel. » **Sophonie2 :3**

Tout le monde est inclus dans cet impératif de Sophonie chapitre deux verset trois quel qu'il soit de n'importe quelle obédience sociale, nous devons tous chercher avant tout l'Eternité qui nous est préparée par notre Dieu Créateur et influencée par le diable menteur car il connait déjà son sort.

L'évangile éternel consiste à chercher l'Eternel dans l'humilité en pratiquant ses ordonnances et c'est ainsi que nous serons épargnés de sa colère lors de son avènement.

L'évangile éternel n'est de la mendicité ou une croyance seulement, mais c'est une vie entre l'homme et Dieu que nous servons au travers de notre prochain ici-bas. Cela montre que, l'Eternité commence ici sur la terre pour finir à l'hérité à jamais après le péché.

On ne peut prétendre aimer Dieu, sans être sensible à la misère de son prochain.

C'est lui qui fut créé à l'image et à la ressemblance de Dieu comme toi et moi pour lui appartenir et le servir dans l'obéissance de ses lois, la fidélité et la justice.
Nombreux croient que comme nous sommes dans la dispensation de la grâce, nous sommes dorénavant dans un marché comme les changeurs de monnaie quand Jésus entra dans la ville de Jérusalem avant d'aller nous racheter sur la croix de Golgotha.

On ne peut racheter que celui qui a été vendu à prix de convenance à quelqu'un d'autre.

Au fait, nous avions été tous vendus alors que nous étions encore dans les reins d'Adam par le mensonge et la spéculation du diable, incarné dans le serpent ancien.

Nombreux viennent au Seigneur pour résoudre leurs besoins dans ce système des choses.

Qu'ils sachent que ce n'est pas de cet évangile des bébés spirituels que nous parlons de ce présent exploit.

Au contraire, nous parlons de la crainte de Dieu qui est le début de la sagesse pour une communion harmonieuse entre Dieu et ses enfants (collaborateurs).

Et le plus grand miracle est la nouvelle naissance, car il faudra que la chenille devienne un papillon afin de s'épanouir et de terminer sa course.

Celui qui a reçu Jésus-Christ comme Seigneur et Sauveur dans son cœur, doit normalement changer et devenir autre devant ceux qui le connaissaient d'avantage par ses caractères.

Nous ne sommes pas des citoyens de ce monde et nous n'annonçons pas l'évangile éternel pour le vendre ou pour le vêtement ou encore pour servir ce corps périssable mais pour se préparer à un avènement !

Dans la vallée ou sur le sommet d'une montagne nous appartenons à Dieu pour le servir dans l'obéissance, la fidélité et la justice.

Nous ne venons pas vers Dieu seulement pour recevoir de bonnes choses pour notre vie dans ce monde, au contraire nous sommes dans la présence le jour de deuil et celui de fête.

Nous ne devons pas ressembler un singe qui mange les bons fruits d'un arbre qu'il n'a pas planté.

Nous formons un même corps et nous devons évoluer dans la complémentarité et non dans la compétition.

Que celui qui a reçu plus soit humble et simple de cœur pour partager avec les autres.

Nous sommes sauvés pour sauver les autres et bénis pour bénir les autres.

Savez-vous que juste 1% de la population du Japon connaisse le Seigneur Jésus ?

Cela nous pousse à aller vers eux avec la force que nous avons car eux aussi ont besoin du salut que l'on ne peut retrouver qu'en Jésus.

Jésus-Christ dit : « *Allez donc, de toutes les nations faites des disciples, les baptisant au nom du Père et du Fils et du Saint-Esprit, et leurs apprenant à observer tout ce que je vous ai prescrit. Et voici que je suis avec vous pour toujours jusqu'à la fin du monde* ». *Matthieu 28 :19-20*

C'est à partir de cet ordre provenant du Seigneur des seigneurs, Roi des rois, Prince des princes et Dieu des dieux à quiconque croira à Lui ; que débute la recherche de l'Eternité pour celui qui en exécute aussi pour celui qui en subit ici-bas.

1
VIGILENCE SPIRITUELLE

Soyons vraiment sérieux en matière de la ***parole de DIEU*** pour bien nous préparer et préparer les autres à l'avènement du Fils de l'homme Jésus-Christ.

Il est vrai que nous devenons des prédicateurs de la ***parole de Dieu.***

Oui, c'est bon ; mais, est-ce que : ce que nous prêchons est réellement cette ***parole de Dieu*** ?

Car la ***parole de Dieu*** doit afficher et refléter une réelle notion de la vérité cachée sur toutes formes de prédications prêchées à travers le monde déchu, afin de délivrer celui qui la prêche et celui qui l'écoute. Parce que, Jésus-Christ répétait souvent *"en vérité en vérité je vous les dis"*.

Jésus savait ce que Satan avait déjà enraciné dans l'esprit de l'homme pécheur des prédications mensongères en forme de l'**Evangile Eternel** !

Or, cette parole c'est la bénédiction, la purification, la paix et la sanctification.

« *Sanctifie-les par ta vérité : ta parole est la vérité.»* **Jean17 :17**

Si nous vérifions cette logique de l'expression du Seigneur à ce verset Biblique, nous trouvons que c'est la véritable parole de DIEU qui guéri l'Esprit, l'Ame et la Chair de celui qui la prêche et de celui qui l'écoute, et non pas d'autres cérémonies qui s'ajoutent actuellement pour chercher le nombre des croyants ayant la ponctualité aux adorations non conformes.

Alors tous les prédicateurs de la ***parole de Dieu***, doivent faire attention de tous les discours qu'ils prêchent au nom de Dieu ; car, cette parole pourrait être une bénédiction ou malédiction de celui qui la prêche et de celui qui l'écoute.

Nous devons prêcher la parole qui prépare et le prédicateur et l'interlocuteur à la vie éternelle. Pourquoi alors, devrions-nous nous contrôler en parlant de la parole de Dieu ?

1. *« Au commencement était la parole ; et la parole était avec Dieu ; et la Parole était Dieu. »* **Jean1 : 1**
   C'est-à-dire, la parole que nous prêchons c'est DIEU. Il faut beaucoup de révérence.
2. *« Et la parole devint chair, et habita au milieu de nous... pleine de grâce et de vérité. »* **Jean 1 : 14**
   C'est-à-dire cette parole est notre Sauveur. Nous devons l'apprendre au sérieux.

3. *« et il est vêtu d'un vêtement teint dans le sang ; et son nom s'appelle :* ***'la parole de Dieu'*** *»* Apocalypse19 :13.
   C'est-à-dire cette parole est Jésus-Christ le Rédempteur. Nous devons l'honorer.

4. *« Tu ne prendras point le nom de l'Eternel, ton Dieu, en vain ;... »***Exode20 :7**
   C'est-à-dire cette parole est Eternité. Nous devons prendre un bon soin tout aux tours des verbes employés et prononcés lors de nos discours des prédications.

5. « *Parce que tu as gardé la parole de ma patience, moi aussi je te garderai de l'heure de l'épreuve qui va venir sur la terre habitée tout entière, pour éprouver ceux qui habitent sur la terre.* » **Apocalypse 3 :10**

C'est-à-dire, cette parole c'est la protection de l'humanité. Nous devons la craindre et l'obéir.

L'EVANGILE EN QUESTION, QU'EST-CE ?

Les livres qui contiennent les témoignages des apôtres de Jésus-Christ et dont la réunion forme ***doctrine du christianisme*** est l'Evangile. (*Dictionnaire français*).

Voici en quelque forme certains anciens et apôtres qui ont vulgarisé la vérité pour le salut du monde.

« Alors quelques-uns du parti des pharisiens, qui avaient cru, se levèrent, en disant qu'il fallait circoncire les païens et exiger l'observation de la loi de Moise. Les apôtres et les anciens se réunirent pour examiner cette affaire. Une grande discussion s'étant engagée, Pierre se leva, et leur dit : Hommes frères, vous savez que dès longtemps Dieu a fait un choix parmi vous, afin que, par ma bouche, les païens entendissent la parole de l'Evangile et qu'ils crussent. » **Actes15 :5-7**

Nous devons comprendre que le message qui était exposé devant la foule par les apôtres et les anciens était uniquement basé sur les nouvelles de ce qui étaient déjà déformés ou modifiés de la ***parole de Dieu*** par les faux prédicateurs de ce moment-là.

Et c'est la vérité de l'Evangile qui doit alors intervenir. C'est ce qu'il nous faut pour notre temps du salut. Chercher à faire connaître à nouveau la véritable ***parole de Dieu*** aux païens enfin qu'ils arrivent à découvrir celle qui était déjà modifiée et remplacée et éloignée du message du salut, car ce fut ainsi du temps des pharisiens, après avoir écouté attentivement le discours des apôtres ; ils posèrent la question suivante : « *Qu'il fallait circoncire les païens et exiger l'observation de la loi de Moise* ». Car on les prêchait déjà de ne plus encore observer la loi de Moise et passer par la circoncision ! mais avec la parole de la vérité prêchée par les apôtres et les anciens, ils se sont retrouvés. Toi aussi tu peux le faire âpres cette lecture de la dite brochure. Amen.

Tant que cela ne se fait pas encore à notre temps, mes sœurs et frères, nous serons toujours en errance dans ce monde déchu en train de subir tous les effets de diable Satan.

Lisons ceci : « *Dieu ne désirait pas que les Israelites errassent quarante ans dans le désert.*

Dieu ne désirait pas non plus que le retour de Jésus-Christ tardât si longtemps, et que ses enfants demeurassent tant d'années dans un monde de douleur et de larmes.

Mais leur incrédulité les a séparés de Dieu. Ayant refusé d'accomplir la tâche qui leur avait assignée, ils ont été remplacés par d'autres. C'est par miséricorde envers le monde que Jésus-Christ retarde sa venue, afin de donner aux pécheurs l'occasion d'entendre l'avertissement, et de trouver en lui un abri au jour de la colère de Dieu. » La tragédie des siècles, p. 496-499.

Cette connaissance nous invite à vérifier chacun sa foi si elle est vraiment proportionnelle à la volonté de Dieu, car **Dieu collabore avec l'homme si celui-ci s'harmonise avec sa loi.**

AUJOURDHUI

« Et Moïse et les sacrificateurs, les Lévites, parlèrent à tout Israël, disant : Aujourd'hui tu es devenu le peuple de l'Eternel, ton Dieu. » **Deutéronome 27 :9** ce message est adressé à toi maintenant : tu es devenu un peuple de l'Eternel aujourd'hui après avoir lu cette brochure.

« Mais, je suis vivant et la gloire de l'Eternel remplira toute la terre. Tous ceux qui ont vu ma gloire, et les prodiges que j'ai faits en Egypte et dans le désert, qui m'ont tenté déjà dix fois, et qui n'ont point écouté ma voix, tous ceux-là ne verront point le pays que j'ai juré à leurs pères de leur donner, tous ceux qui m'ont méprisé ne le verront point. » **Nombre 14 :21-23.**

Sachez très bien que mes sœurs et frères : négliger ou saboter la véritable parole c'est se barrer la route vers l'Eternité.

Car, tous ceux qui sont considérés comme vrais aujourd'hui sont faut et incorrects devant Dieu ; et tous ceux qui sont admis mauvais et erronés sont bons et agréable aux yeux de l'Eternel, notre Dieu.

C'est pourquoi « *Ces choses leur sont arrivées pour servir d'exemples, et elles ont été écrites pour notre instruction, à nous qui sommes à la fin des siècles.* » **1corinthiens 10 :11**

Dès maintenant mes bien aimés, regardez et contrôlez votre position para port à la foi debout du christianisme, puis prenez décision pour se sauver.

Comment pouvez-vous m'expliquer de ces plusieurs dénominations des églises qui ravagent aujourd'hui le monde pour perturber l'ordre divin du salut de l'homme pécheur en prêchant au nom de Dieu ou de Jésus-Christ l'Evangile! Est-ce que tout ce qui est prêché là-bas est agréé de DIEU ?

Comparons les temps : Au temps des patriarches et des prophètes tels que Abraham, Jacob, Moise, Josué, Eli, Jérémie, Daniel, Michée... il n'y avait point l'un d'eux qui a ouvert une église à son nom tant disque se sont eux d'ailleurs qui ont vaincu les oracles et les merveilleux événements de Dieu. Mais actuellement le monde subit un temps des églises de prophètes et des envoyés de Dieu qui sont mariés et dominés par envie des offrandes et dimes des croyants pour satisfaire leur besoins mondains !

Mes frères et sœurs, nous devons être tous Chrétiens. Amen.

Chose étonnante aujourd'hui est d'avoir écouté des bouches de certaines personnes qui s'enveloppent étant enfants et serviteurs de DIEU pour dirent que ses choses-là ne nous concernent plus jamais nous sommes déjà dans le temps de grâce !

Ils oublient que : « **Le péché de ce siècle, c'est de mépriser les ordres explicites de Dieu.** »

Aujourd'hui : Les croyants, et les bergers (pasteurs, prophètes, apôtres...), et les observateurs (non croyants) ne comprennent guère le sens logique de ce mot ***GRACE!***

Or, la grâce est une aide que Dieu donne aux hommes pour leur salut. Aussi c'est la remise de la peine que le prince ou l'autorité exécutive, fait à un condamné, par exemple : la grâce présidentielle. (*Dictionnaire français*).

La grâce n'a jamais supprimé toutes les exigences déclarées par Dieu au temps des patriarches bibliques à tout celui qui croirait à Lui.

Mais, étant donné que les humains étaient devenus très corruptibles dans la méchanceté et ils méritèrent déjà la mort éternelle, Le Fils de l'homme s'est mis au milieu entre la mort éternelle et la vie éternelle pour plaider en faveur de l'homme pécheur et c'est alors qu'un temps fut accordé à ce dernier pour se repentir afin d'échapper à la colère finale du Roi des rois.

D'où, le temps que nous vivons à présent c'est le moment où nous devons revenir à la raison de la foi Chrétienne.

« *Car je n'ai point parlé de moi-même ; mais le père, qui m'a envoyé, m'a prescrit lui-même ce que je dois dire et annoncer. Et je sais que son commandement est la vie éternelle. C'est pourquoi les choses que je dis, je les dis comme le père me les a dites.* » **Jean 12 :49-50**

Mes sœurs et frères, les dix commandements de Dieu sont toujours en actualité jusqu'à l'éternité. Personne ne peut devenir partisan du ciel sans être fidèle à ces commandements.

La Bible les mentionne en **Exodes20 :1-17**, puis démontrés par Le Seigneur JESUS-CHRIST en **Matthieu 22 :37-40**.

Je vous remercie et revenons tous à la vérité.

2

COMMANDEMENTS DE DIEU ET GRACE EN JESUS-CHRIST : SONT-ILS EN HARMONIES OU EN CONTRASTES ?

Soyons tous concentrés pour comprendre c'est qu'il faut pour notre Salut.

La vie de l'homme sur cette terre est liée à la manière d'obéir à la parole de Dieu.
Ce court séjour sur cette terre des hommes peut nous faire rater notre présence éternelle ensemble avec notre Seigneur.

Le tout dépend de ce que l'on aura fait pendant que nous sommes encore en vie, car après la mort, ce sera trop tard !

Si on est allé à l'église locale pour une raison d'intérêt lié à ce système des choses, ce sera une peine perdue au dernier jour.

C'est pourquoi Jésus-Christ Lui-même lorsqu'il était ici sur la terre, affirma ses disciples en disant : « *ceux qui me disent : Seigneur, Seigneur n'entreront pas tous dans le royaume des cieux, mais celui-là seul qui fait la volonté de mon Père qui est dans les cieux. Plusieurs me diront en ce jour-là, Seigneur, Seigneur, n'avons-nous pas prophétisé par ton nom ? N'avons-nous pas chassé des démons par ton nom ? Et n'avons-nous pas fait beaucoup de miracles par ton nom ? Alors je leur dirai ouvertement : Je ne vous ai jamais connu. Retirez-vous de moi, vous qui commettez l'iniquité.* » Matthieu 7 : 19-23

Maintenant c'est le moment où « *Dans nos discours, dans nos chants' dans nos exercices spirituels' nous devons manifester le calme, la dignité, la crainte pieuse qui inspirent tout véritable enfant de Dieu* » message choisis, vol. 2, p 49

LES DIX COMMANDEMENTS DE DIEU : Exode20 :1-17 ; Deutéronome5 :6-27

1) Tu n'auras pas d'autres dieux devant ma face.

2) Tu ne te feras point d'images taillée.

3) Tu ne prendras point le Nom de l'Eternel, ton Dieu, en vain.

4) Souviens toi du jour du repos, pour le sanctifier.

5) Honore ton père et ta mère.

6) Tu ne tueras point.

7) Tu ne commettras point d'adultère.

8) Tu ne déroberas point.

9) Tu ne porteras point des faux témoignages contre ton prochain.

10) Tu ne convoiteras point tout ce qui appartient à ton prochain.

Depuis que ces commandements ont été proclamés par le DIEU immuable sur le sommet du mont Sinaï, ils sont toujours d'actualité pour conduire tout le monde croyant vers le Salut.

JESUS-CHRIST ET DIEU : QUISONT-ILS ?

Nous devons croire que **Jésus-Christ** est le Fils de **DIEU**. Et qu'il y a **UN** seul **DIEU** le créateur de tout. Et par leur nature, ils font **UN**.

Vérifions ces confirmations dans les écritures saintes : « *Dieu dans ces derniers temps, nous a parlé par le Fils, qu'il a établi héritier de toutes choses, par lequel il a aussi créé le monde, et qui, étant le* ***reflet*** *de sa gloire et l'****empreinte*** *de sa personne, et soutenant toutes choses par sa parole puissante, a fait la purification des péchés et s'est assis à la droite de la majesté divine dans les cieux très hauts.* » **Hébreux1 :2-3**

« *Pour les incrédules dont le dieu de ce siècle aveuglé l'intelligence afin qu'ils ne visent pas briller la splendeur de l'évangile de la gloire de CHRIST, qui est l'****image*** *de DIEU* » **2conrinthiens4 :4**

« *Philippe lui dit : Seigneur, montre-nous le père, et cela nous suffit. Jésus lui dit : Il y a si longtemps que Je suis avec vous, et tu ne m'as pas connu, Philippe !*

Ce lui qui m'a vu a vu mon Père ; comment dis-tu : Montre-nous le Père ? Ne crois-tu pas que Je suis dans le Père et le Père est en Moi... » **Jean14 :8-10**

« Il est l'image du DIEU invisible, le premier-né de toute la création. Car en Lui ont été créées toutes choses qui sont dans les cieux et sur la terre, les visibles et les invisibles, trônes, dignités, dominations, autorités. Tout a été créé par Lui et Pour Lui. » **Colossiens1 :15-16**

Avec ces versets bibliques, nous trouvons que Dieu, de par sa nature ; exerce ses effets ensemble avec son Fils, qui est JESUS-CHRIST à partir de leur plan de rédemption jusqu'à la fin de l'histoire de l'homme pécheur.

Personne alors ne peut en aucune raison séparer DIEU d'avec JESUS-CHRIST faute de manquement grave dans la foi (croyance) chrétienne.

Car Jésus Lui-même lorsqu'il était ici sur la terre des hommes étant aussi un habitant de l'origine connue par ses voisins, d'une localité judaïque de Bethlehem en Palestine ; avait déclaré ceci :
« ... *Je suis le chemin, la vérité, et la vie. Nul ne vient au Père que par Moi.* » **Jean14 :6b**

Pourquoi Jésus-Christ a dit : Nul ne vient à son Père que par Lui ? C'est parce que, LUI et Dieu son Père sont totalement unis. Or, dans la vie physique le Père et son enfant se diffèrent par leurs attributions.

DIEU est créateur ; et tout a été créé par JESUS-CHRIST et pour JESUS-CHRIST. **Colossiens1 :16b**

Qui sont-ils ?

Tout ce que Jésus faisait, il accomplissait ce que son Père lui avait ordonné de faire. « ... *les paroles que je vous dis, je ne les dis pas de moi-même ; et le Père qui demeure en moi, c'est Lui qui fait les œuvres.* » **Jean14 :10b**

En vérité Jésus-Christ et Dieu font **UN**.

LA GROIX DE JESUS-CHRIST : NOTRE GRACE

Question : Est-ce que le sang de Jésus a supprimé les commandements de Dieu?

Réponse : Absolument pas. Cela ne peut point se faire. « *Car je n'ai point parlé de moi-même ; mais le Père, qui m'a envoyé, m'a prescrit Lui-même ce que je dois dire et annoncer. Et je sais que son* ***commandement est la vie éternelle****. C'est pourquoi les choses que je dis, je les dis comme le Père me les a dites.* » **Jean12 :49-50**

Retenons ici que : Jésus-Christ n'a jamais annulé la loi de Dieu qui est immuable à jamais. Car, cette loi est la vie éternelle que chaque croyant espère hériter.

DIEU ET L'HOMME

« *Car l'amour de Dieu consiste à garder ses commandements.* » **1 Jean : 5 : 3**

« *Et l'amour consiste à marcher selon ses commandements. C'est là le commandement dans lequel vous devez marcher,...* » **1 Jean4 :8**

Dieu coopère avec l'homme, si celui-ci s'harmonise avec sa loi.

Nous devons cette fois-ci manifester cet amour envers notre Créateur en respectant strictement ses commandements qui n'ont pas été modifiés.

Aussi de nous devrions-nous y entraimer. « *Si quelqu'un possède les biens du monde et que voyant son frère dans le besoin, il lui ferme ses entrailles, comment l'amour de Dieu demeure-t-il en lui ? Petits enfants, n'aimons pas en paroles et avec la langue, mais en action et avec la vérité.* » 1 **Jean3 :17-18**

Ces paroles Bibliques placent l'homme au milieu de deux devoirs :

- Aimer Dieu et
- Aimer son semblable !

« *Aimer DIEU de tout ton cœur et son prochain comme toi-même* », signifie respecter les quatre premiers commandements qui cadrent avec Dieu et celui de six derniers autres, cadre avec la vie de l'homme. D'où, l'homme est au centre de deux amours qui sont les deux commandements auxquels tous les croyants doivent obtempérer.

Raison pour laquelle « *Jésus lui répondit : Tu aimeras le Seigneur, ton Dieu, de tout ton cœur, de toute ton âme, et de toute ta pensée. C'est le premier et le plus grand commandement. Et voici le second, qui lui est semblable : Tu aimeras ton prochain comme toi-même. De ces deux commandements dépendent toute la loi et les prophètes* » **Matthieu22 :37-40**

LES DEUX COMMANDEMENTS

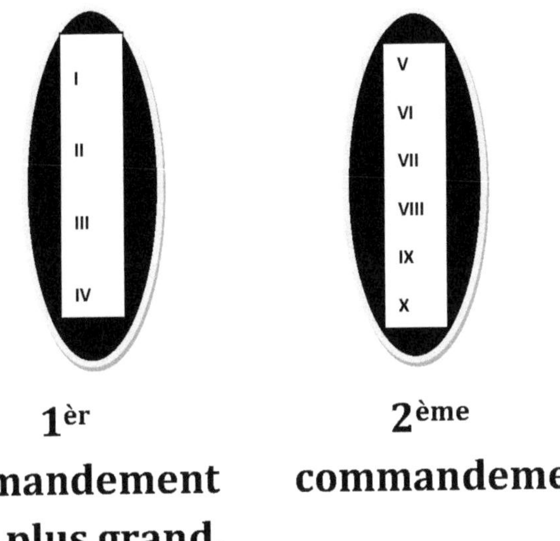

1^ér^ Commandement Et le plus grand.	**2ème commandement**

C'est par là que la parole de Lui-même JESUS-CHRIST va se faire voir nettement : « *Ne pensez pas que je sois venu pour abolir la loi ou les prophètes : je ne suis pas venu pour abolir, mais pour accomplir ;* » **Matthieu 5 : 17**

Voici comment nous devrions nous mettre en garde dans tout notre mouvement quand nous nous engagions à parler de la part de DIEU :

« Moi, je rends témoignage à quiconque entend les paroles de la prophétie de ce livre, que si *quelqu'un ajoute à ces choses, Dieu lui ajoutera les plaies écrites dans ce livre ; et que si quelqu'un ôte quelque chose des paroles de ce livre de cette prophétie, Dieu ôtera sa part de l'arbre de vie et de la sainte cité, qui sont écrits dans ce livre. »* **Appocalypse22 : 18-19**

3
JESUS-CHRIST : QUI EST-IL ?

« Il est l'image du Dieu invisible, le premier-né de toute la création. Car en Lui ont été créées toutes les choses qui sont dans les cieux et sur la terre, les visibles et les invisibles, trônes, dignités, dominations, autorités. Tout a été créé par Lui et pour Lui. » **Colossiens1 :15-17**

« Après avoir autrefois, à plusieurs reprises et de plusieurs manières, parlé à nos pères par les prophètes, Dieu, dans ces derniers temps, nous a parlé par le Fils, qu'il a établi héritier de toutes choses, par lequel il a aussi créé le monde, et qui, étant le reflet de sa gloire soutenant toutes choses par sa parole puissante, a fait la purification des péchés et s'est assis à la droite de la majesté divine dans les lieux très hauts. Devenu d'autant supérieur aux anges qu'il a hérité d'un nom plus excellent que le leur. Car auquel des anges Dieu n'a-t-il jamais dit : Tu es mon Fils, Je t'ai engendré aujourd'hui ? Et encore : Je serai pour lui un père, et il sera pour moi un fils ? » **Hébreux1 :1-5**

« Jésus leur dit : En vérité, en vérité je vous les dis, avant qu'Abraham fut, ***je suis.*** *»* **Jean 8 :58**

La lecture de ces versets bibliques doit nous inspirer et nous aider à découvrir réellement la nature de **Jésus-Christ** notre Seigneur et Sauveur de l'humanité.

La parole de Dieu dit encore ceci : « *Les choses cachées sont à l'Eternel, notre Dieu ; les révélées sont à nous et à nos enfants, à perpétuité, afin que nous mettions en pratique toutes les paroles de cette loi.* » **Deutéronome 29 :29**

Ecouter cette illustration : « Un papa avait le souci de voir son enfant près de lui à temps où son besoin l'interpeler.

Or, l'enfant était souvent à quelque distance soit de cent ou voir même de cinq cents mètres.

Il fallait alors rehausser la voix pour que l'enfant entende la voix de son papa MBALA et accomplisse la volonté de celui-ci.

Immédiatement le papa appelle l'enfant par son nom à haute voix, directement l'enfant a écouté la voix de son père s'est mis attentivement à répondre à son papa qui ne le voyait pas, mais qui le rejoignit et le commanda comme-ci ils étaient ensemble physiquement !

En réalité le papa de MUBUNGA, par apport à sa voix il y a déjà une certaine nuance de différenciation optimal qui montrait que la personne et sa voix font une exception. Est-ce que, la voix que l'enfant entendit et obéit pouvait-elle créer le doute de séparation entre l'enfant MBALA et la voix de son père ?

Sans commentaire, la voix de cet enfant et celle de son père sont inférieures la constitution physique mais puissante pour l'exécutif de l'ordre reçu. »

On connait quelqu'un par sa voix.

« *Au commencement Dieu créa les cieux et la terre* » **Genèse1 :1**

Avant que l'homme écoute ce Nom JESUS, Dieu créa les cieux et la terre et tout ce qui y est contenu par sa ***parole***.

C'est pourquoi nous lisons souvent dans la première page du premier livre de la Bible en Genede1 :3, 6, 9, 14, 20,24 et 29, le terme « *Dieu dit...* »

Jour après jour, notre Dieu créa en prononçant seulement la parole, jusqu'au sixième jour où il dit : « *Faisons l'homme à notre image...* »

C'est par cette puissance de sa ***parole*** que Dieu créa le visible et l'invisible.

Avec l'homme, le créateur notre Dieu vivait ensemble et collaborait avec lui, comme le font les habitants d'une même cité ; car Eden était une partie du ciel par sa sainteté d'avant la chute de l'homme.

Avec le péché, l'homme se trouva sans Dieu son créateur et resta à la recherche de Celui-ci. Plus tard, Dieu va collaborer en outre avec l'homme par les prophètes et patriarches...

Cette même parole que Dieu utilisa à la création du visible et de l'invisible, commença de la même manière à s'incarner dans les prophètes au fil des temps pour faciliter la coopération avec l'homme pécheur pour montrer combien de fois Dieu est amour pour l'humanité qui est l'œuvre de sa parole.

Nous pouvons dire à ce point que, de la création à l'époque des prophètes et patriarches (sacrificateurs), Dieu fut toujours invisible aux yeux de l'homme pécheur qui ne cessait pas de lui tourner le dos.

De la chute de notre ancêtre commun Adam jusqu'à la naissance de l'enfant JESUS-CHRIST, personne parmi les humains ne prononça ce nom puissant.

Maintenant, Dieu veut s'approcher des hommes en se confondant à eux. Comme le monde haïssait déjà Dieu en refusant ses envoyés (prophètes, sacrificateurs…), ainsi lui-même vint alors se manifester dans le monde qu'il créa.

« Or nous savons que le Fils de Dieu est venu, et il nous a donné une intelligence afin que nous connaissions le véritable, et nous sommes dans le véritable, dans son Fils Jésus Christ : lui est le Dieu véritable et la vie éternelle. » **1 Jean5 :20**

C'est par là que notre intelligence devra s'ouvrir pour comprendre dès lors que *la parole a été faite chair et a habitée avec nous...*

Et que cela était une réalité fondamentale.

C'est cette parole qui commandait Adam en Eden, qui s'adressa à Hénoch, qui orienta Abraham, qui a maintint toutes les promesses de Jacob, qui réalisa beaucoup de miracles avec Moise, qui accomplit tant de choses avec Daniel et ses compagnons.

C'est elle qui sauvegarda Eli le prophète durant sa bataille avec les prophètes de baal au mont carmel et qui, aujourd'hui fait beaucoup des choses avec le monde actuel moyennant le Saint-Esprit qui s'était transformé en chair comme on l'a décrit dans l'illustration précédente de Mbala et son père.

« Personne n'a jamais vu Dieu ; le Fils unique, qui est dans le sein du Père, est celui qui l'a fait connaitre » **Jean1 :18**

Lisons ceci : « *Comparativement aux millions d'hommes qui occupent la terre, le peuple de Dieu sera, comme il l'a toujours été, un petit troupeau. Mais s'il persévère dans la vérité, telle qu'elle est réservée dans la parole, Dieu sera pour lui un refuge : l'immense bouclier du tout Puissant le protégera. Dieu représente toujours une majorité.* (Conquérant pacifique, p. 524)

Mon frère, ma sœur efforce-toi à te positionner à côté de la vérité ; ne te laisser pas tromper par l'attroupement, car Dieu seul constitue une majorité.

Ce que nous pouvons retenir ici est que DIEU et JESUS-CHRIST font UN. « *Moi et le Père, nous sommes UN.* » **Jean10 :30**

La vérité est que : on connait quelqu'un par sa voix comme on a connu Dieu par la sienne qui est sa parole et qui est son Fils nique Jésus-Christ. Personne ne peut se séparer de sa voix !

Aujourd'hui mon frère, ma sœur, toi qui a déjà choisi la divinité comme ton seul camps de refuge ; admets maintenant qu'il n'y a aucune nuance de séparation entre Dieu et Jésus-Christ.

Car, comme toi-même tu ne peux point te séparer de ta parole, il en est de même entre DIEU et sa parole.

Si on parlerait toujours de Fils de Dieu jusqu'à l'avènement que le monde entier attend, c'est suite à la confirmation de cette hypothèse inébranlablement liée à la volonté de Tout Puissant l'Eternel Jehova Juré.

C'est-à-dire que, c'est DIEU lui-même qui avait vu bon de transformer sa parole à la chair en forme d'un homme pour pouvoir continuer avec son œuvre du salut envers l'humanité pécheresse en commençant par Adam et tous ses descendants.

Personne n'a ni mandat, ni qualité à corriger Dieu ou à douter de son métabolisme divin.

Soyons donc confiant en Dieu notre créateur, celui qui nous a beaucoup aimés en se refusant de nous précipiter dans le gouffre de son châtiment à cause du péché et qui a voulu nous restaurer dans son royaume bien établi par le sacrifice de son fils unique à la croix.

C'est pourquoi, quiconque d'autre ne pouvait jamais remplir cette tâche en dehors de DIEU seul plein d'amour et de miséricorde.

« *Car Dieu étant aimé le monde, qu'il a donné son Fils unique, afin quiconque croit à lui ne périsse point mais qu'il ait la vie éternelle.* » **Jean 3 : 16**

De même que les anciens ont suivi Dieu par sa voix et des visions ou songes, Dieu a choisi de se faire voir maintenant à ses créatures en transformant sa parole à la chair humaine ; raison pour laquelle Jean nous dit que « *Personne n'a jamais vu Dieu ; le Fils unique, qui est dans le* ***sein*** *du père, est celui qui l'a fait connaître.* » **Jean1 :18**
Le mot 'SEIN ' signifie : l'Esprit ou le cœur de l'homme ; poitrine de la femme. Et en d'autres termes, Jésus est dans le sein du Père !

4
DIMANCHE ET SAMEDI, LEQUEL EST LE SEPTIEME JOUR DE LA SEMAINE COMME JOUR DU REPOS ?

« *Ainsi firent achevés les cieux et la terre, et toutes leur armée.*
Dieu acheva au septième jour son œuvre qu'il avait faite ; et il se reposa au septième jour de toute son œuvre, qu'il avait faite.
Dieu bénit le septième jour, et il le sanctifiant, par ce qu'en ce jour il se reposa de toute son œuvre qu'il avait créée en la faisant. » **Genese2 : 1-3**

« *Souviens-toi du jour du repos, pour le sanctifier. Tu travailleras six jours, et tu feras tout ton ouvrage. Mais le septième jour est le jour du repos de l'Eternel, ton Dieu ; tu ne feras aucun ouvrage, ni toi, ni ton fils, ni ta fille, ni ton serviteur, ni ta servante, ni ton bétail, ni l'étranger qui est dans tes portes. Car en six jours l'Eternel a fait les cieux, la terre et la mer, et tout ce qui y est contenu, et il s'est reposé le septième jour :*
C'est pourquoi l'Eternel a bénit le jour du repos et l'a sanctifié. » **Exode20 : 8-11**

« Après le Sabbat, à l'aube du premier jour de la semaine, Marie de Magdala et l'autre Marie allèrent voir le sépulcre. » **Matthieu28 :11**

« Cherchez l'Eternel, vous tous, humbles du pays, Qui pratiquez ses ordonnances ! Recherchez la justice, recherchez l'humilité! Peut-être serez-vous épargnés au jour de la colère de l'Eternel. » **Sophonie2 :3**

LE VRAI REPOS

Avant de se réjouir du mariage, on passe par la fiançailles et cette période dure un temps.

Avant de bénéficier des rémunérations de prestation quelconque, on doit travailler d'abord.

Avant qu'un élève se réjouisse de son diplôme ou son titre, il doit se forcer à bien prester durant les étapes préparatoires.

Avant qu'un militaire monte grade, il doit subir une certaine formation relative à sa carrière.

De même aussi pour le Sabbat du Seigneur, nous devons normalement s'habituer avec le Sabbat hebdomadaire ici-bas tel qu'il est écrit en *Genèse 20 :8-11* pour le vivre éternellement ensemble avec le maitre de Sabbat Jésus-Christ.

Mes biens aimés, personne ne peut hériter ce qui ne l'appartient pas ; il faut s'appartenir d'abord du Sabbat d'ici-bas puis entrer dans ce repos éternel qui est le vrai repos.

Soyons toujours dans la présence de Dieu pour bénéficier du véritable repos.

En effet, nous avons six jours de travail et un jour de repos. Et Jésus est notre repos. On ne peut pas se reposer avant de travailler. Il faudra d'abord travailler, mouiller la vareuse avant de parler du repos car c'est un jour béni et consacré par Dieu lui-même.

C'est dans la bergerie en écoutant le Bon Berger et en suivant ses instructions que nous entrons dans le Sabbat qui est le jour du Seigneur.

L'argent ne pourra pas nous donner ce repos. On peut avoir un beau lit mais plein d'insomnies !

J'ai vu des enfants de rue endormis profondément en-dessous d'un arbre sous la pluie.

L'argent nous donne de la nourriture, mais le véritable appétit ne vient que de Dieu. En dehors de la bergerie, nous sommes exposés aux bêtes sauvages qui n'ont ni cœur, ni pitié.

Le péché, la négligence, l'incrédulité et la torsion des écritures sont des grands ennemis de la paix avec Dieu.

Nous devons nous reposer de notre travail dans l'obéissance, la fidélité, la crainte du Seigneur et la disciplines aux instructions reçues de sa part car tout homme rendra compte de ses œuvres sous le soleil devant Dieu un jour.

Ne soyons pas épicuriens. Jetons l'œil sur le calendrier et sur l'horloge de Dieu pour savoir dans quelle dispensation nous nous trouvons et ce que nous devrions vraiment faire afin de respecter la parole de Dieu à la lettre et à l'Esprit.

Pas de travail, on n'a pas le droit au repos car Dieu lui-même travailla pendant six jours avec sa parole avant de se reposer au septième jour.

Nous devons travailler pour Dieu dans le respect de ses commandements et demeurer dans sa présence.

L'évangile des miracles sans la foi n'est pas l'évangile éternel car il s'arrête quand il n'y a plus de signe et de prodige.

L'évangile du mariage et de l'emploi est bien exploité, mais il ne donne pas du repos. Demeurons dans la bergerie derrière le Bon Berger tout en écoutant sa voix.

Le véritable Sabbat c'est la vraie rencontre avec le Maître du Sabbat qui est Jésus-Christ, notre Seigneur et notre Sauveur. C'est maintenant le temps de la préparation pour expérimenter ce véritable Sabbat qui est un don de Dieu à tous ceux, en aussi grand nombre qu'ils viendront auprès de Jésus, afin d'obtenir la vie éternelle.

Car on ne peut se réjouir d'une chose qui est juste éphémère. Nous, au contraire, en Christ, nous nous devons le connaître ici-bas pour vivre avec lui éternellement.

Appartenir à Dieu est une bonne chose, et le servir dans l'obéissance et dans la fidélité en est une autre.

L'évangile éternel est l'évangile qui nous introduit dans la famille des enfants de Dieu pour vivre éternellement dans les parvis célestes un jour.

Ce n'est pas l'évangile qui s'arrêtera dans ce système des choses, c'est celui qui traversera la mort après avoir travaillé pour Dieu comme de bons et fidèles serviteurs !

C'est l'évangile de :

- La foi,
- L'espérance et
- L'amour.

Notre source est la foi en Jésus, sans laquelle nul ne pourra voir Dieu. Et croire, c'est posséder avant de posséder.

La foi est un mystère qui traverse l'invisible pour amener à l'existence ce qui n'existe pas. Dans toutes les dispensations, les héros de la foi ont pu réussir à cause de leur ferme assurance en la parole de Dieu.

Aujourd'hui, nous voulons transformer notre Père Céleste en un garçon de course en demandant des choses sans y croire de tout notre cœur, nous-mêmes.

Dans la culture de l'évangile éternel, le premier pas s'appelle la foi après quand ça prend un peu plus de temps, nous y ajoutons l'espérance et plus tard l'amour qui est aussi le nom de notre Dieu.

Et les ennemis de la foi sont :

- Le péché,
- Le doute,
- La peur,
- La négligence et
- La torsion des écritures.

Chaque fois qu'un enfant de Dieu pèche, il ressemble à une truie lavée qui retourne se vautrer dans la boue ou à un chien qui va encore sur ce qu'il a vomi hier !

Le péché nous rend vulnérables, fragiles et périssables. Car son salaire c'est la mort. Nos premiers parents furent chassés du Jardin d'Eden à cause du péché. Et ils nous entraînèrent tous dans la mort jusqu'à ce qu'aux temps fixé, Christ vint nous racheter pour nous communiquer la vie, la vie en abondance traversant la mort pour l'éternité dans la présence de Dieu.

Les hommes et les femmes instruits obéissent à la créature et rejettent le Créateur.

Ils ont des yeux et ne voient pas, tâtonnant de jour comme de nuit. Ils confondent la grâce de Dieu et sa justice !

La foi est la matière première sans laquelle, il n'y a pas d'évangile éternel. Et pendant cette période de grâce, elle doit nous pousser à vivre dans la justice de Dieu et non dans le laisser-aller et la négligence.

Le temps de grâce est un temps d'avertissement et de prémonition pour nous permettre de nous mettre en règle avec notre Dieu afin de demeurer dans sa présence. Car un seul esprit méchant revient avec sept autres plus méchants que lui et le dernier état de celui qui a négligé le conseil de Dieu devient pire qu'avant.

Ce temps de grâce est très révélateur et significatif et nous demande beaucoup de sagesse et de prudence.

5
GRAND MENSONGE

« Vous avez pour père le diable, et vous voulez accomplir les désirs de votre père, il a été meurtrier dès le commencement, et il ne se tient pas dans la vérité, parce qu'il n'y a pas de la vérité en lui. Lorsqu'il profère le mensonge, il parle de son propre fonds ; car il est menteur et père du mensonge. »
Jean 8 :44

DIMANCHE ET SAMEDI, LEQUEL EST LE SEPTIEME JOUR DE LA SEMAINE COMME JOUR DU REPOS POUR LE SEIGNEUR ?

« Ainsi firent achevés les cieux et la terre, et toutes leur armée.
Dieu acheva au septième jour son œuvre qu'il avait faite ; et il se reposa au septième jour de toute son œuvre, qu'il avait faite.
Dieu bénit le septième jour, et il le sanctifiant, par ce qu'en ce jour il se reposa de toute son œuvre qu'il avait créée en la faisant. » Genese2 : 1-3

« Souvient toi du jour du repos, pour le sanctifier. Tu travailleras six jours, et tu feras tout ton ouvrage. Mais le septième jour est le jour du repos de l'Eternel, ton Dieu ; tu ne feras aucun ouvrage, ni toi, ni ton fils, ni ta fille, ni ton serviteur, ni ta servante, ni ton bétail, ni l'étranger qui est dans tes portes. Car en six jours l'Eternel a fait les cieux, la terre et la mer, et tout ce qui y est contenu, et il s'est reposé le septième jour : c'est pourquoi l'Eternel a bénit le jour du repos et l'a sanctifié. » Exode20 : 8-11

« Après le Sabbat, à l'aube du premier jour de la semaine, Marie de Magdala et l'autre Marie allèrent voir le sépulcre. » Matthieu28 :1

Suivant ces versets, nous pouvons découvrir la semaine antique que DIEU exerça toutes ses œuvres en les faisant. Ici on nous dit, après le Sabbat vient le premier jour de la semaine *Matthieu 28 :1* ; or, une semaine a sept jour seulement, d'où, le Sabbat c'est le dernier jour de la semaine donc le septième.

Il est vrai que le dimanche n'est pas le jour du Seigneur, car cette appellation ne fait pas plaisir à Dieu et ne constitue pas l'œuvre de Dieu ; par contre, c'est une conception satanique.

« *Il prononcera des paroles contre le Très-haut, et il opprimera les saints du Très-haut, et il espérera changer les* ***temps*** *et la* ***loi*** *; et les saints seront livrés entre ses mains pendant un temps, des temps, et la moitié d'un temps. Puis viendra le jugement, et on lui ôtera sa domination, qui sera détruite et anéantie pour toujours* » Daniel 7 :25-26.

Chaque prophétie doit se réaliser puis viendra la censure. « *C'est pourquoi réjouissez-vous cieux et vous qui habitez dans les cieux. Malheur à la terre et à la mer ! Car le diable est descendu vers vous* ***animé*** *d'une* ***grande colère*** *sachant qu'il a peu de temps.* » Apocalypse 12 :12.

La chute de diable Satan vers la terre, c'est une malheur pour quiconque habite sur cette terre quel que soit le niveau social de chacun ou chacune. C'est pourquoi nous devons être vraiment très vigilants en matière spirituelle pour échapper aux ruses sataniques qui affichent cette colère qui lui anime de nous priver de la gloire de Dieu. Satan a perdu le ciel et il s'est décidé de s'emparer de la terre entière ; attention ma sœur et mon frère, soyons maintenant à la recherche de la vérité qui va nous éloigner de ce malin.

Satan imite souvent le créateur pour vouloir s'égaliser avec son DIEU ! Il utilise l'Homme comme Dieu aussi l'aurait toujours fait. Comme DIEU a souvent travaillé avec les hommes pour réaliser ses dessins, Satan a pris le pape Sylvestre 1èr (314-335) au premier siècle en date du 03 juillet 321 sous le règne de l'empereur CONSTANTIN ; qui sanctifia dimanche étant le « *jour du Seigneur dans un concile qu'il convoqua qui fut le premier œcuménique, à Nicée, en Asie Mineur…* » *Les papes pp12 ; 14.* C'est ici où le Satan va chercher à s'opposer à Dieu en créant son Jour du repos comme Dieu Est, avec son Sabbat.

ALORS QUEL EST MAINTENANT LE JOUR DU SEIGNEUR ?

C'est le septième jour de la semaine qui est le samedi actuel. « *Dieu bénit le septième jour, il le sanctifia, parce qu'en ce jour il se reposa de toute son œuvre qu'il avait créée en la faisant* » Genèse 2 :3.

D'OU EST VENU CETTE CONFUSION DE DIMANCHE COMME 7è JOUR ET SAMEDI COMME 6è JOUR ?

« *Il y a eu beaucoup de calendriers anciens. Le premier des calendriers modernes, tel que nous l'avons par Jules César. Les noms des jours tels que nous les avons maintenant, furent aussi utilisés à ce moment-là. Du fait que les Babyloniens adoraient les planètes, beaucoup commencèrent, dès les temps anciens à nommer les jours de la semaine par les noms de planètes.* ***Mais ni les Hébreux, ni les auteurs Bibliques ne firent jamais cela****. C'est pourquoi, même si les noms des jours, tels que nous les connaissons, à savoir : dimanche, lundi, mardi, mercredi, jeudi, vendredi et samedi ; existaient déjà du temps de Jésus-Christ,* ***les auteurs Bibliques ne firent jamais référence à ces jours par ces noms-là, car ils étaient d'origine païenne.*** » Le dimanche, marque de la bête ou Sabbat, sceau de Dieu *? p78*

Raison pour laquelle on ne trouverait point écrire ces noms propres des jours de la semaine actuelle dans la Bible originelle.

Dans cette Bible, on lit : le premier jour ; le second jour ; le troisième jour ; le quatrième jour ; le cinquième jour et le sixième jour. *Genèse 1 :1-31 ; 2 :1-3*. Aussi le dictionnaire encyclopédie réaffirme en donnant les sens réels de tous les noms des jours de la semaine et le web (internet) nous aide en plus pour l'éclaircissement de l'hypothèse…

Par exemple : samedi= septième jour de la semaine, Sabbat du Seigneur, Repos…
Alors, si samedi est septième jour de la semaine, mettons-nous à compter et on saura dans la facilité la semaine antique que le monde doit suivre sous la crainte de l'ETERNEL.
Satan a bien ciblé la sainteté que Dieu a réservé à l'homme qui se confiera à Lui, en observant scrupuleusement ses commandements sans hésitation d'aucune. « *Car quiconque observe toute la loi, mais pèche contre un seul commandement, devient coupable de tous….* » Jacques 2 : 10-

SEMAINE ORIGINELLE

1è jr	2èjr	3èjr	4èjr	5èjr	6èjr	7èjr
Dimanche	Lundi	Mardi	Mercredi	Jeudi	Vendredi	Samedi

CONCLUSION

Satan se considère déjà vainqueur de ce monde, mais lui-même connaît le jour de sa destruction quand la colère de l'Eternel se manifestera contre lui et sur cette terre des hommes ; c'est pourquoi qu'il va multiplier ses ruses pour récupérer un grand nombre !

« *Afin que nous ne soyons plus des enfants, flottant et emportés à tout vent de doctrine, par la tromperie des hommes, par leur ruse dans les moyens de séduction* », Ephésiens 4 :14

LECTURE ERRONEE DE L'HEURE : Le monde entier lit aujourd'hui zéro heure, une heure du matin après minuit ! vingt-quatre heures, dix-huit heures, quinze heures…

Or, dans le diagramme d'une pendule il est mentionné de 1 jusqu'à 12, les chiffres significatifs et lisibles. Nulle part la lecture des chiffres significatifs ont des valeurs semblables comme : 12 ne peuvent t être lues 0, 1 comme 13.

6 pour 18…

Dans chaque langage de la terre chaque chiffre garde sa valeur significative.
Comme Satan sait que DIEU est le maître des temps et des circonstances, il va alors modifier cette lecture qui plongera la majorité dans l'erreur grave causant le péché, en se faisant passer pour le maître du temps.

0 ne signifie Rien.
Le Matin signifie lever du soleil.
Comment alors le matin va-t-il commencer au milieu de la nuit ?
C'est un grand mensonge.

C'est ainsi qu'en ces jours-ci, nous vivons deux vérités :

1. **Vérité Diabolique**
   Dimanche comme jour du Seigneur
2. **Vérité Divine**
   Samedi est le jour du repos, le Sabbat du Seigneur. Le septième jour de la Semaine.

Mon frère, ma sœur, c'est à toi seul de juger ce qui est bon et agréable à Dieu de ce qui est mauvais et profane à l'Eternel ton Dieu que tu fais confiance.

Amen.

La grâce de Dieu ne doit pas être considérée comme une faiblesse ou une impuissance. C'est un avertissement pour nous pousser vers la repentance, la réconciliation et la restauration pour enfin obtenir la vie éternelle.

La vie éternelle, c'est connaître Dieu et son Fils Unique qu'il nous a donné afin que par la foi en lui, nous puissions avoir la vie éternelle. C'est cela la finalité de notre foi, notre persévérance et l'amour des enfants de Dieu afin d'attirer un plus grand nombre d'âmes perdues.

La vie sur cette terre n'est qu'éphémère et passagère. Et la base de l'évangile éternel est la foi.

Les ennemis de la foi nous font reculer. Le cas de Marie et Marthe est bien illustratif car Lazare mourut à cause de la négligence de la parole qui leur fut amenée de la part de Jésus.
Pierre se mit à s'enfoncer dans les eaux du lac de Galilée cette nuit-là à cause de la peur.

Eve fut induite en erreur par le serpent par la torsion des écritures.

L'incrédulité fit qu'il n'y eut point de miracles à Jérusalem.

Le péché raccourcit la main de Dieu et crée un gouffre de séparation entre le Père Céleste et ses enfants et nous vend ainsi au diable qui nous détruit à sa guise.

Votre frère MALONGA KUBALI N'k.L.L/Ancien
(+243)810369727 ; 813526130 ; 998403483
853567916 : 897036484.
ASJMR/BDD-06-2020

Printed by Books on Demand GmbH, Norderstedt / Germany